合唱で歌いたい！J-POPコーラスピース

女声3部合唱

世界はあなたに笑いかけている

作詞：いしわたり淳治、丸谷マナブ　作曲：丸谷マナブ　合唱編曲：西條太貴

••• 曲目解説 •••

Little Glee Monsterの12thシングルです。2018「コカ・コーラ」イメージソングに起用された楽曲。誰もが口ずさみやすいポップなメロディーと、前向きな歌詞が晴れやかな気分にしてくれるナンバーを、女声3部合唱で爽やかにアレンジ！明るくパワフルなハーモニーを聴かせてみてください♪

世界はあなたに笑いかけている

作詞：いしわたり淳治、丸谷マナブ　作曲：丸谷マナブ　合唱編曲：西條太貴

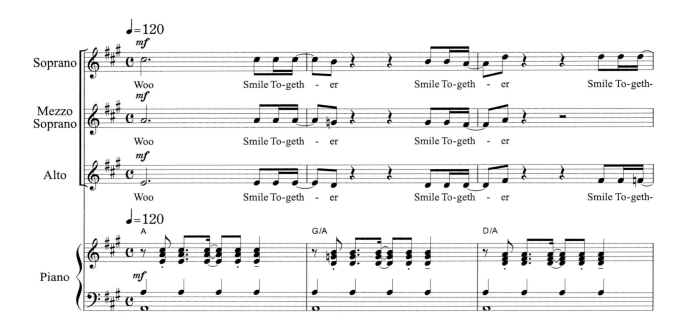
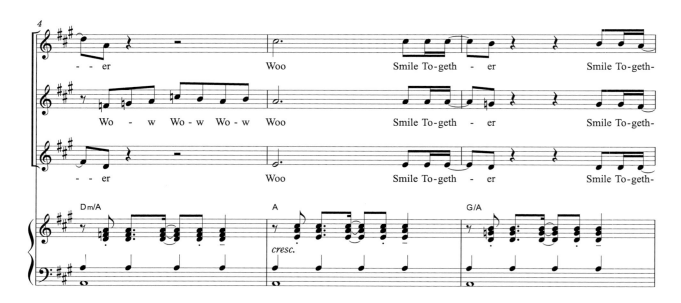

世界はあなたに笑いかけている

作詞：いしわたり淳治、丸谷マナブ

Woo Smile Together, Smile Together,
Smile Together
Woo Smile Together, Smile Together

ほら　笑って　Alright！
世界は　ずっと
あなたに　今日も笑いかけている
いま　変わっていく　Your Sight
きっかけは　きっと
どんな瞬間も　溢れてる　Smile For It！

揺れずに心を　真っ直ぐ保つのも　難しい時代
誰かの言葉が　波のない水の上をどこまでも

ほんの指先で　ほんの一瞬で　広がってく
きっと幸せな　気持ちもいま
世界を　どこまでも伝わってくから
What's Going On？　What's Going On？

ほら　笑って　Alright！
世界は　ずっと
あなたに　今日も笑いかけている
いま　変わっていく　Your Life
未来は　ずっと
その手の中で　輝く日を待っている

Woo Smile Together, Smile Together,
Smile Together

いま　変わっていく　Your Sight
きっかけは　きっと
どんな瞬間も　溢れてる　Smile For It！

曖昧に微笑んで　周りの視線なんか　気にしてなくていい
大切な仲間なら　あなたが輝くことを願うはず

本当は誰もが　本当の笑顔を　探している
太陽みたいな　あなたはいま
世界を　引きつける力があるの
What's Going On？　What's Going On？

ほら　笑って　Alright！
世界は　ずっと
あなたに　今日も笑いかけている
いま　変わっていく　Your Sight
きっかけは　きっと
どんな瞬間も　溢れてる　Smile For It！

気づいて　いつもよりいい予感が
OK！　Alright！
心くすぐってるから　Never Gonna Give It Up！

ほら　笑って　Alright！
世界は　ずっと
あなたに　今日も笑いかけている
手を伸ばして　Alright！
繋ごう　愛　もっと
この瞬間を　抱きしめよう

ほら　笑って　Alright！
世界は　ずっと
あなたに　今日も笑いかけている
いま　変わっていく　Your Life
未来は　ずっと
その手の中で　輝く日を待っている

Woo Smile Together, Smile Together,
Smile Together

いま　変わっていく　Your Sight
きっかけは　きっと
どんな瞬間も　溢れてる　Smile For It！

エレヴァートミュージックエンターテイメントはウィンズスコアが
展開する「合唱楽譜・器楽系楽譜」を中心とした専門レーベルです。

ご注文について

エレヴァートミュージックエンターテイメントの商品は全国の楽器店、ならびに書店にてお求めになれますが、店頭でのご購入が困難な場合、下記PC＆モバイルサイト・FAX・電話からのご注文で、直接ご購入が可能です。

◎PCサイト＆モバイルサイトでのご注文方法

http://elevato-music.com

上記のアドレスへアクセスし、WEBショップにてご注文ください。

◎FAXでのご注文方法

FAX.03-6809-0594

24時間、ご注文を承ります。上記PCサイトよりFAXご注文用紙をダウンロードし、印刷、ご記入の上ご送信ください。

◎お電話でのご注文方法

TEL.0120-713-771

営業時間内に電話いただければ、電話にてご注文を承ります。

※この出版物の全部または一部を権利者に無断で複製（コピー）することは、著作権の侵害にあたり、著作権法により罰せられます。

※造本には十分注意しておりますが、万一、落丁・乱丁などの不良品がありましたらお取り替えいたします。また、ご意見・ご感想もホームページより受け付けておりますので、お気軽にお問い合わせください。